GRAN VENTA

Escrito por Danielle Carl

Ilustraciones de Sally Jo Vitsky

Adaptación al español por Carmen Pardo

Steck Vaughn™

A Harcourt Achieve Imprint

www.Steck-Vaughn.com
1-800-531-5015

Ésta es la familia Rico.

Su casa está muy llena.

Van a hacer una venta.

La familia Rico hace un letrero.

Le ponen etiquetas con precio a todo.

¡Quieren que empiece la venta!

Va mucha gente a la venta.

A todos les gusta lo que se vende.

Todos quieren comprar.

La Sra. López quiere comprar una lámpara.

La Sra. Rico dice: —Ay, es mi lámpara favorita.

Lo siento, la lámpara no se vende.

Eduardito quiere comprar una alcancía.

Ramón Rico dice: —Ay, es mi primera alcancía.

Lo siento, la alcancía no se vende.

Celia quiere comprar un cuadro.

El Sr. Rico dice: —Ay, me lo dio un amigo.

Lo siento, el cuadro no se vende.

Los Romero quieren comprar un reloj.

Los Rico dicen: —Ay, pero nos gusta cómo suena.

Lo sentimos, la venta se acabó.

Los Rico ponen todo en su lugar.

La casa está muy llena.

¡Pero así es como les gusta!

Cierra
Y
voltea

Se acabaron los diez dólares. ¿Cómo los gastaste?
Compraste cosas que necesitabas y querías.
¡Ir de compras es divertido!

gorro $5

panqué $1

libro $2

pelota $2

Cierra y voltea

Quieres una pelota para jugar.
Puedes comprar una por dos dólares.
¿Qué pelota quieres?

6

Tienes hambre. Quieres comer.

Puedes comprar un panqué por un dólar.

¿Qué panqué quieres?

Necesitas un libro para la escuela.

Puedes comprar un libro por dos dólares.

¿Qué libro quieres?

Hace frío. No tienes gorro.

Puedes comprar un gorro por cinco dólares.

¿Qué gorro quieres?

¡Vamos de compras!
Tienes diez dólares para gastar.
¿Qué necesitas? ¿Qué quieres?

¡De compras!

Escrito por Danielle Carl

Adaptación al español por Carmen Pardo

Steck Vaughn™

A Harcourt Achieve Imprint

www.Steck-Vaughn.com
1-800-531-5015